Gefährliche Tiere

KOSMOS

Ein giftiger Farbklecks

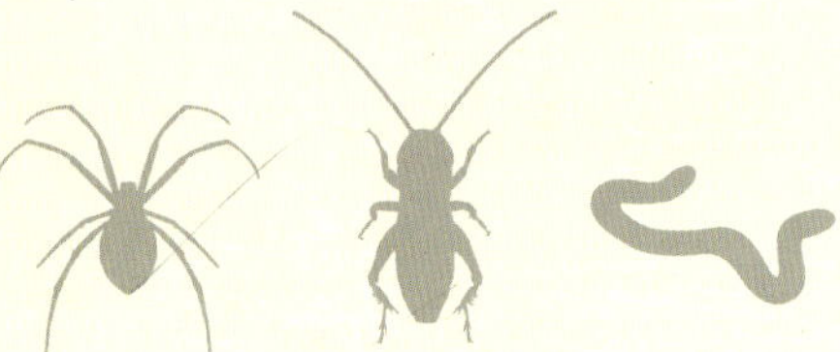

Der Pfeilgiftfrosch frisst gern Käfer, Termiten, Tausendfüßer und Ameisen. Hat er diese verspeist, bilden sich in seinem Körper giftige Stoffe.

Der kleine Pfeilgiftfrosch verbringt sein ganzes Leben auf Ästen und Blättern riesiger Bäume in Regenwäldern. Deshalb heißt er auch Baumsteigerfrosch.

Der Pfeilgiftfrosch liebt warmes, feuchtes Wetter. Oben in den Bäumen fühlt er sich

wohl und ist vor Feinden geschützt, die nicht klettern. Schlangen oder Vögel könnten ihn in den Baumkronen trotzdem erwischen. Aber die mögen den Pfeilgiftfrosch auch nicht fressen. Seine Haut ist von einer giftigen Flüssigkeit bedeckt. Mit seiner grellen Farbe warnt der Frosch seine Feinde. Die meisten Tiere verstehen die Sprache der Warnfarben und suchen sich eine andere Mahlzeit.

Es gibt blaue, gelbe, grüne, braune, rote und bunte Pfeilgiftfrösche.

Menschen in Südamerika nutzen das Gift um die Spitzen ihrer Pfeile damit zu bestreichen und gehen damit auf Jagd.

So groß ist ein
Pfeilgiftfrosch im
Vergleich zu dir.

Merk dir mal:
Die leuchtenden Farben
des Pfeilgiftfrosches
sagen deutlich:
„Stopp! Ich bin giftig!"

Das Flusspferd

Wehe, wenn es wütend wird

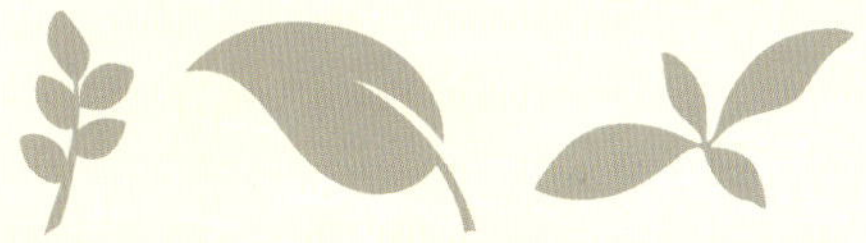

Das Flusspferd ist nachts unterwegs. Dann bewegt es sich weg vom Wasser, geht an Land und frisst ausgiebig Gras.

Das Flusspferd lebt an Flüssen, Seen oder Teichen. Da es am Nil sehr viele Flusspferde gibt, nannte man das Flusspferd früher auch Nilpferd. Am liebsten döst es tagsüber mit seiner Herde im kühlen Wasser.

Am Tag ist es dem Flusspferd außerhalb des Wassers zu heiß. Seine Haut ist fast kahl. Sie ist also nicht von Haaren geschützt. Wird es dem Flusspferd zu warm, bilden sich auf seiner Haut lauter kleine Tröpfchen. Das sieht dann so aus als würde das Flusspferd schwitzen. Aber die Tröpfchen auf der Haut sind rötlich. Die rote Flüssigkeit schützt die Haut vor der Sonne und der Austrocknung.

Es ist gefährlich, das gemütlich aussehende Tier beim Dösen zu stören. Es kann dann richtig wütend werden. Besonders wütend wird die Flusspferd-Mutter, wenn ihre Kinder in Gefahr sind. An Land kann das schwere Flusspferd erstaunlich schnell laufen.

Das Flusspferd ist übrigens nicht mit den Pferden verwandt, sondern mit den Walen.

So groß ist ein Flusspferd
im Vergleich zu dir.

Merk dir mal:
Die riesigen Eckzähne des Fluss-
pferdes sind gefährliche Waffen.
Sie wachsen sein Leben lang und
werden bis zu 70 Zentimeter lang.

Mit 8 Augen alles im Blick

Die Schwarze Witwe freut sich über alles, was sich in ihrem Netz verfängt: Insekten, Reptilien und männliche Artgenossen.

Tagsüber sitzt die Schwarze Witwe am Rand ihres Netzes in einem Versteck und ruht sich aus. Sie geht erst in der Nacht auf Beutefang.

Sie ist schwarz mit leuchtend roten Punkten auf ihrem Rücken. Ihr Name hat eine besondere Bedeutung.

Die Schwarze Witwe macht sich selbst zur Witwe. So nennt man eine Frau, die ihren Mann verloren hat. Bei der Spinne geht das so: Das Spinnenweibchen paart sich mit dem Männchen. Nach der Paarung muss das Männchen ganz schnell verschwinden. Es wird sonst vom Weibchen verspeist. So wie eine Fliege in ihrem Netz. Das Weibchen ist viel größer als das Männchen. Ihre Beute entwischt der Schwarzen Witwe selten.

Die Spinne besitzt 8 Augen und kann in fast alle Richtungen sehen. Das Gift der Schwarzen Witwe ist gefährlich. Ihr Gift pumpt sie durch zwei lange, gebogene Zähne in die Wunde.

So groß ist eine
Schwarze Witwe im
Vergleich zu dir.

Merk dir mal:

Mit ihren zwei spitzen,
gebogenen Zähne fängt und
betäubt die Schwarze Witwe
ihre Beute.

Der Inlandtaipan

Die giftigste Schlange

Der Inlandtaipan entdeckt seine Beute auf besondere Weise. Er riecht sie. Genau genommen schmeckt er ihren Geruch mit seiner Zunge. Die streckt er alle paar Sekunden aus dem Maul. Das nennt man „Züngeln". Sobald er einem kleinen Säugetier nahe kommt, beißt er zu.

In dunklen Felsspalten und Höhlen lebt der Inlandtaipan am liebsten. Er verlässt sie nur, wenn er zwischen den Felsen keine Nahrung findet.

Der Inlandtaipan ist eine besonders gefährliche Giftschlange. Vorn in seinem Maul sitzen zwei sehr lange, gebogene Giftzähne. Damit betäubt er seine Beute und verschlingt sie in einem Stück.

Der Inlandtaipan gehört zu einer sehr seltenen Schlangenart Er lebt nur in einem kleinen Gebiet mitten in Australien. Dort leben nur wenige Menschen. Deshalb werden fast keine Menschen vom Inlandtaipan gebissen. Er beißt nur zu, wenn er sich bedroht fühlt.

So groß ist ein Inlandtaipan im Vergleich zu dir.

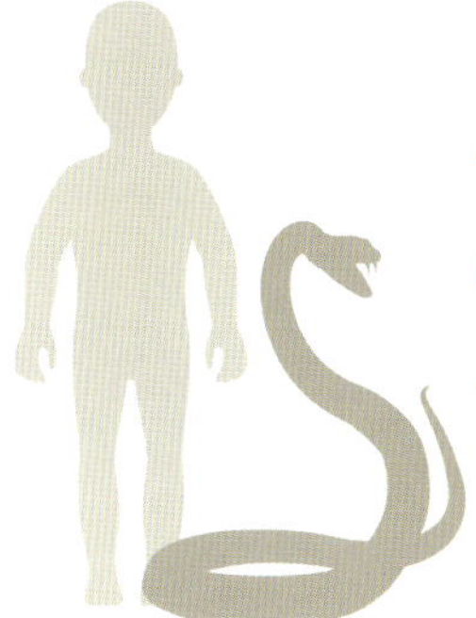

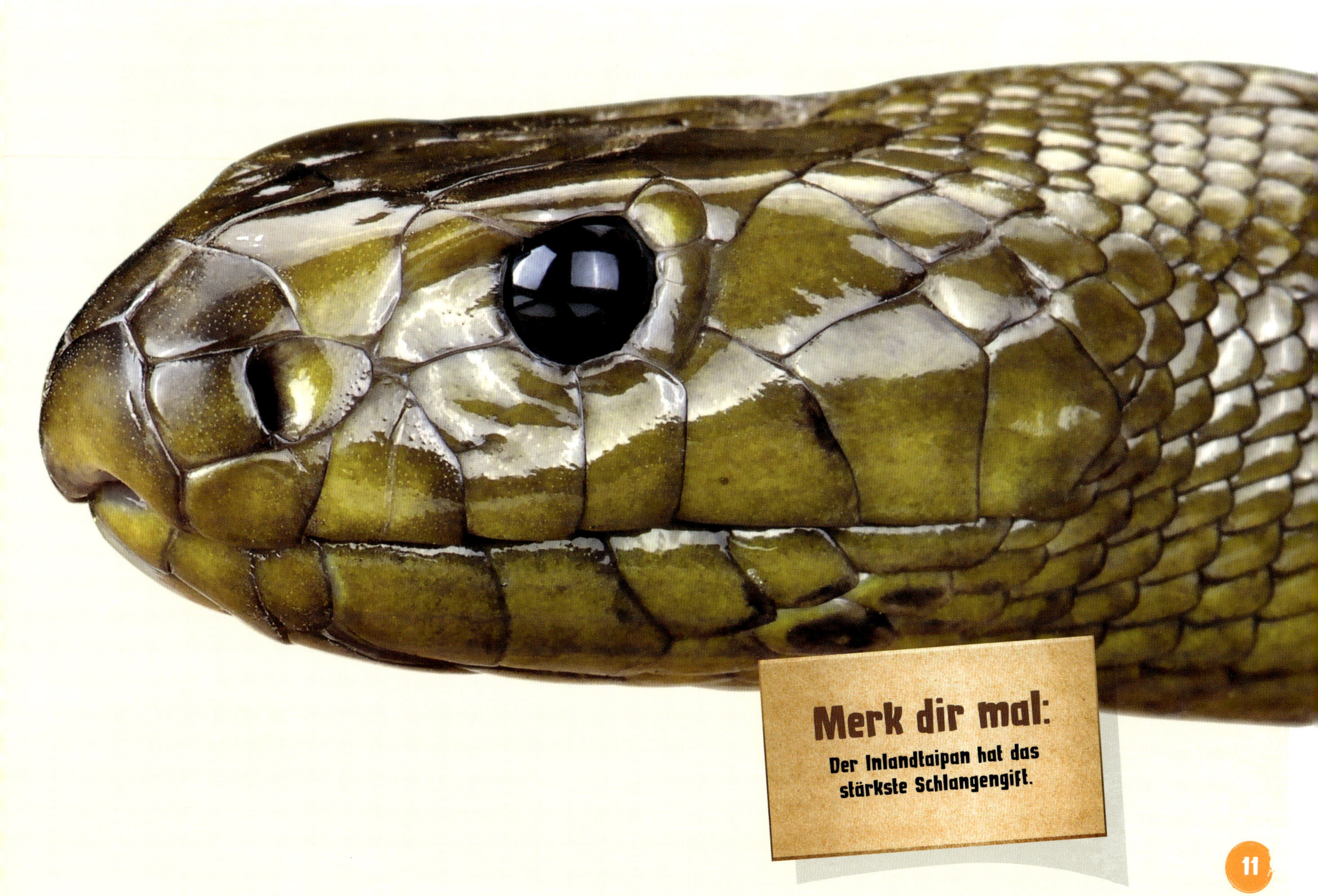

Merk dir mal:

Der Inlandtaipan hat das stärkste Schlangengift.

Ein lebendiges Segelschiff

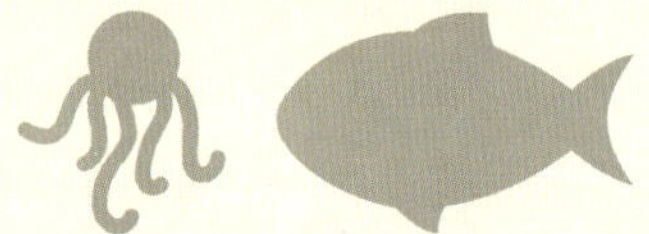

Die Tentakel der Portugiesischen Galeere sehen aus wie Fangarme der Quallen. Sie bestehen aus vielen Hundert kleinen Tierchen. Mit denen fischen sie Beutetiere aus dem Meerwasser.

Die Portugiesische Galeere ist im Meer zu Hause. Der Wind treibt sie an. Dabei legt sie große Strecken zurück.

Über dem Wasser erkennt man eine dicke Blase. Sie ist mit Luft gefüllt. Der obere Teil sieht wie ein Segel aus. Die Blase ist durch-

sichtig und schillert blau oder violett. Sie besteht aus einem einzelnen Tierchen. Dieses Segeltierchen bestimmt die Richtung, in die die Galeere segelt. Unter dem Segeltierchen hängen bis zu 30 Meter lange Fäden. Sie sind blau-violett gefärbt und werden Tentakel genannt. In den Fangärmchen stecken kleine Giftspritzen. Die Beutetiere werden damit gelähmt und festgehalten.

Die Tentakel einer Portugiesischen Galeere solltest du nicht berühren. Das Gift reizt deine Haut und sie fühlt sich dann verbrannt an.

So groß ist eine
Portugiesische Galeere
im Vergleich zu dir.

Nachts leuchten seine Augen

Um stark und gesund zu bleiben, frisst der Tiger sehr viel Fleisch. Meist sucht er sich Säugetiere oder Vögel aus. Er jagt tagsüber oder in der Dämmerung.

Der Tiger lebt vorwiegend in dichten Wäldern. Tagsüber schläft er gern im Schatten unter Bäumen oder im Dickicht.

Der Tiger ist die größte Wildkatze der Welt. Er ist ein ausgezeichneter Jäger. Die Beutetiere sehen ihn meist viel zu spät. Weil er ein gestreiftes Fell hat, ist er im dichten Wald kaum zu erkennen. Das nennt man „Tarnung". Außerdem schleicht der riesige Tiger auf seinen weichen Pfoten fast lautlos. Mit seinen großen, gelben Augen sieht er Beutetiere sogar noch bei Mondlicht. Seine Ohren hören auch leise Geräusche aus vielen Metern Entfernung. Die langen Tasthaare am Maul helfen dem Tiger in dunklen Nächten, dass er nirgendwo anstößt. Und seine besonders gute Nase zeigt ihm, wo er seine Nahrung findet.

Die Größe des Tigers ist sehr unterschiedlich. Der größte Tiger lebt in Sibirien, der kleinste auf der Insel Sumatra. Der Sibirische Tiger jagt sogar ausgewachsene Elche und Bären.

Säugetiere | Asien

Merk dir mal:
Der Tiger hat ganz besonders
gute Ohren und Augen.

So groß ist ein
Tiger im
Vergleich zu dir.

„Sieht" mit den Ohren

Erst nachts fliegt die Vampirfledermaus umher und sucht Nahrung. Am liebsten trinkt sie das Blut von Kühen, Pferden, Eseln und Hühnern. Dazu ritzt sie mit ihren scharfen Zähnen ein Loch in deren Haut.

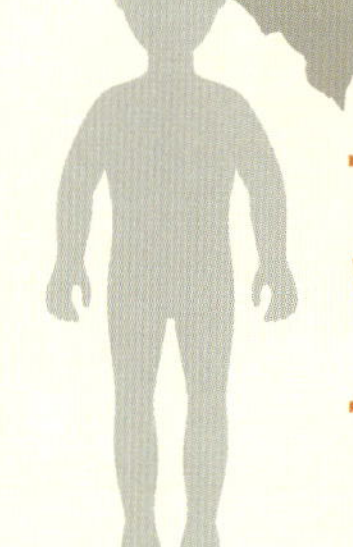

So groß ist eine Vampirfledermaus im Vergleich zu dir.

Den Tag verschläft die Vampirfledermaus in Höhlen und dunklen Felsspalten.

Die Vampirfledermaus kann ihre Umgebung sehr gut hören. Dazu piepst sie schnell nacheinander Töne durch den offenen Mund. Die Töne kommen als Echo von allen Dingen und Tieren in der Nähe zurück. Mit ihren großen Ohren hört die Vampirfledermaus die Echos. An der Richtung und Lautstärke der Töne erkennt sie, welche Dinge in der Umgebung sind. Das können Bäume oder Häuser sein, aber auch große Tiere. So landet die Vampirfledermaus in der Dunkelheit zum Beispiel sicher auf einer Kuh.

Ihr Biss ist deshalb so gefährlich, weil sie dabei Tiere und Menschen mit Krankheiten anstecken kann.

Säugetiere | Süd- und Mittelamerika
Merk dir mal:
Mit ihren großen Ohren
hört die Vampirfledermaus
ganz besonders gut.

Das Leistenkrokodil

Gepanzerter Jäger

Verbreitung:	Küstenregionen Australiens und Südostasiens
Ernährung:	Amphibien, Reptilien, Fische, Vögel, Säugetiere
Länge:	3 bis 6 Meter
Gewicht:	200 bis 1000 Kilogramm

Wenn das Leistenkrokodil an einem Ort wenig Nahrung findet, schwimmt es sehr weite Strecken. Manchmal frisst es dann sogar seine Verwandten.

Das Leistenkrokodil lebt nahe den Meeresküsten Australiens, in Flüssen oder Sümpfen. Deshalb nennt man es auch Salzwasserkrokodil.

Die Haut des Leistenkrokodils ist mit dicken, harten Schuppen bedeckt. Sie schützen es wie ein Panzer. Auf seinem Schwanz stehen die Schuppen wie Stacheln ab. Fühlt es sich bedroht oder ist es sehr hungrig, greift es

sogar Menschen an. Dann beißt es mit seinem riesigen Maul zu. Oder es schlägt mit seinem sehr kräftigen Schwanz um sich.

Die Leistenkrokodil-Mutter kümmert sich liebevoll um ihren Nachwuchs. Sie vergräbt ihre Eier in warme Sandhügel. Nach dem Schlüpfen bewacht sie die Kleinen ein paar Wochen lang.

So groß ist ein
Leistenkrokodil im
Vergleich zu dir.

Blaue Kringel bedeuten Gefahr

Nachts geht der Kleine Blaugeringelte Krake auf Beutefang. Dabei wandert er auf seinen acht Fangarmen umher. An diesen befinden sich viele Saugnäpfe. Mit ihnen hält er seine Beute, das sind kleine Krebstiere, fest.

Der Kleine Blaugeringelte Krake lebt an warmen Meeresküsten. Tagsüber versteckt er sich in Spalten und Ritzen von Felsen und Korallen.

Eine Besonderheit des Kleinen Blaugeringelten Kraken ist seine Hautfarbe. Sie ist braun, graubraun oder gelblich. Wenn sich der Kleine Blaugeringelte Krake bedroht fühlt, erscheinen blitzschnell leuchtendblaue Kringel und Streifen auf seinem ganzen Körper. Mit dem plötzlichen Farbwechsel warnt der Kleine Blaugeringelte Krake seine Angreifer.

Sobald der Krake einen Gegner beißt, gelangt Gift in die Wunde. Es ist so stark, dass sogar Menschen daran sterben können.

So groß ist der
Kleine Blaugeringelte Krake
im Vergleich zu dir.

Merk dir mal:
Kleine Blaugeringelte Kraken
gehören zu den Oktopussen.
Ihre acht Fangarme benutzen
sie zum Greifen, Wandern
und Schwimmen.

Kein Kuschelbär

Der Kodiakbär ist ein Allesfesser. Besonders gern fängt er Lachse aus den Flüssen der Kodiakinsel. Im Winter findet er kaum etwas, deshalb muss er sich vorher sehr viel anfressen.

Die Wintermonate verschläft der Kodiakbär in einer kuscheligen Felshöhle. Im Frühjahr verlässt er seine Höhle wieder und legt auf der Suche nach Nahrung sehr weite Strecken zurück.

Wenn der Kodiakbär auf den Hinterbeinen steht, ist er über drei Meter groß. Also beinahe doppelt so groß wie ein erwachsener Mensch. Das macht er aber nur, wenn er sich bedroht fühlt. Dazu brüllt er grimmig und zeigt seine riesigen Tatzen, die so groß wie Teller sind. An den Tatzen hat er je fünf lange, scharfe Krallen. Der Kodiakbär hat unglaublich starke Muskeln.

In der Winterruhe werden die Jungen geboren und gesäugt Deshalb ist die Bärenmutter im Frühjahr sehr dünn und hungrig.

Merk dir mal:

Der Kodiakbär ist das größte
Raubtier auf dem Land.
Er hat riesige Zähne und Tatzen
und ist sehr gefährlich.

Der Skolopender

Hundertfüßer mit 50 Beinen

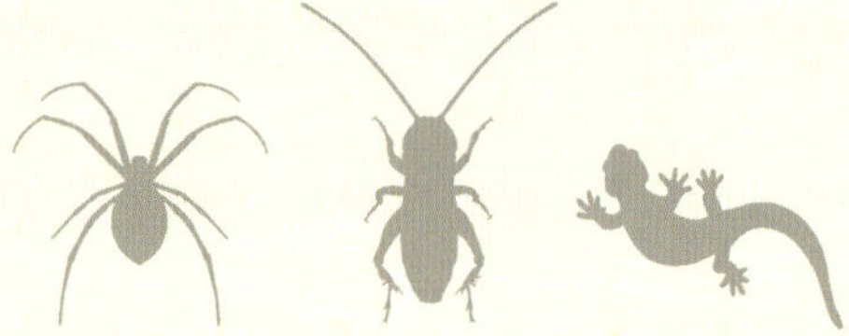

Erst abends geht der Skolopender auf die Jagd. Er frisst sogar Tiere, die größer sind als er, zum Beispiel Eidechsen und kleine Mäuse.

Tagsüber versteckt sich der Skolopender unter Blättern oder in morschen Baumstämmen.

Der Skolopender wird auch Hundertfüßer genannt. Dabei besitzt er nur 50 Beine ohne richtige Füße daran. Er kann sehr schnell krabbeln. Deshalb sieht es so aus, als hätte er viele Füße. Vor seinem Kopf hat der Skolopender eine kräftige Zange. Sie besteht aus zwei gebogenen, spitzen Zähnen. Mit ihnen öffnet er die harten Panzer von Insekten und Krebsen. In die Wunden spritzt er ein starkes Gift. Das tötet kleinere Tiere schnell und ist auch für uns Menschen sehr schmerzhaft.

Die Skolopender-Mutter kümmert sich sehr liebevoll um ihre Kinder. Sie füttert sie so lange, bis die Kleinen selbst Nahrung finden.

Merk dir mal:

Wenn der Skolopender sich gestört fühlt, greift er sofort an und beißt zu. Deshalb solltest du ihn nicht anfassen!

Räuber der Meere

Der Weiße Hai kann schnell und lange schwimmen. Er ist ganz allein auf Nahrungssuche. Mit seinem scharfen Gebiss kann er seine Beute blitzschnell töten. Er frisst am liebsten Robben. Manchmal verwechselt er Menschen mit seiner Lieblingsbeute.

Der Weiße Hai ist in allen Meeren der Erde zu Hause. Auf der Suche nach Futter durchstreift er am liebsten die Küstenregionen. Dabei legt er jeden Tag über 50 Kilometer zurück.

Der Weiße Hai hat einen leuchtendweißen Bauch, daher hat er seinen Namen. Er wird fast so lang wie vier erwachsene Menschen übereinander und so schwer wie zwei große Autos zusammen. Sein riesiges Maul sieht besonders gruselig aus. Es steckt voller spitzer, scharfer Zähne. Sobald ein Zahn ausfällt, wird er durch einen genauso spitzen aus der nächsten Reihe ersetzt.

Hat der Weiße Hai gerade keinen Hunger, ist er nicht aggressiv. Dann kann man ihn sogar ohne Gefahr beobachten. Menschen greift er nur sehr selten an.

Merk dir mal:

Die vielen Zähne im Maul des Weißen Haies sehen wie Pfeil–spitzen aus. Sie sind auch genauso spitz und scharf wie diese.

Ein uralter Riese mit Hörnern

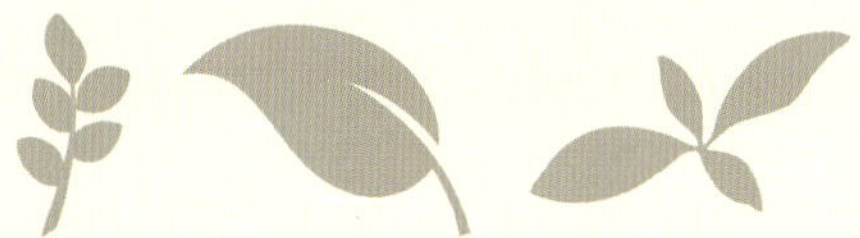

Das Breitmaulnashorn ernährt sich hauptsächlich von Gräsern. Es steht viele Stunden am Tag in der afrikanischen Savanne und grast so friedlich wie unsere Kühe.

Wenn es gerade nicht frisst, suhlt sich das Breitmaulnashorn gern im Schlamm eines Wasserlochs. Oder es liegt im Schatten eines Baumes und lässt sich von Vögeln die Zecken aus der dicken Haut picken.

Das Breitmaulnashorn hat ein sehr breites Maul und auf seiner Nase wachsen zwei große Hörner. Das vordere Horn kann über einen Meter lang werden. Das hintere Horn ist nur halb so lang. Die Hörner sind aus Horn - so wie deine Haare und Fingernägel auch. Sie wachsen das ganze Nashornleben lang. Mit diesen langen und spitzen Waffen wehrt sich das Breitmaulnashorn gegen Feinde wie Löwen oder Hyänen. Es hat sehr schlechte Augen und kann nur ungefähr 20 Meter weit gucken. Seine Feinde muss es also riechen.

Das Breitmaulnashorn heißt auch Dickhäuter. Seine Haut ist zehnmal dicker als die Haut des Menschen. Dafür hat das Breitmaulnashorn keine Haare auf seinem Körper.

Merk dir mal:
Mit seinen riesigen Hörnern kann sich das Nashorn sogar gegen Löwen wehren.

So groß ist ein Breitmaulnashorn im Vergleich zu dir.

Weniger schlecht ist uns nicht gut genug!

Sie halten ein rundum sauberes Buch in Ihren Händen, das nach dem zertifizierten Cradle to Cradle-Prinzip gedruckt wurde. Bei diesem Verfahren werden keine Rohstoffe verbraucht sondern lediglich gebraucht – es gibt keinen Abfall, alles fließt rückstandsfrei in den biologischen Kreislauf zurück.

Wir haben umweltfreundliches Papier aus nachhaltiger Forstwirtschaft ausgewählt und drucken mit Pflanzenölfarben, die garantiert frei von Bisphenol A, VOC, CMR und Mineralölen sind. Ein einmaliges Herstellungsverfahren in Österreich ermöglicht einen klimapositiven Druck.

Das Buch hinterlässt keinen giftigen Abfall, ist für die Gesundheit unbedenklich und nicht allergieauslösend. Zum Wohle des Wichtigsten, was wir haben: Der Natur und unserer Kinder!

Weitere Informationen zum Cradle to Cradle-Herstellungsverfahren und zur Nachhaltigkeit bei KOSMOS finden Sie auf www.kosmos.de/natur-von-anfang-an

Dieses Papier stammt aus nachhaltig bewirtschafteten Wäldern und kontrollierten Quellen. www.pefc.at

Gedruckt nach der Richtlinie „Druckerzeugnisse" des Österreichischen Umweltzeichens. gugler*print, Melk, UWZ-Nr. 609, www.gugler.at

Höchster Standard für Ökoeffektivität. Cradle to Cradle ™ zertifizierte Druckprodukte innovated by gugler, ausgenommen Bindung & Folienkaschierung.